AF371212

PROSOPOPE

DE LA PAIX PAR FRANçOIS GRANCHIER Marchois.

A

Monseigneur de Dio Baron de la Roche Cheualier de l'ordre de sainct Iean de Ierusalem, commandeur de Charieres, sainct-Anne, & du Nabeiron.

A PARIS,

Pour Iacques Varengles, ruë sainct Iacques.

AVEC PERMISSION.

D. M. LXXXVIII.

A
MONSEIGNEVR DE DIO BA-
RON DE LA ROCHE, CHEVALIER
de l'ordre de sainct Iean de Ieru-
salem, Commandeur de Charieres,
sainct-Anne, & du Noueiron.
Salut.

On seigneur celuy qui voudroit consumer son aage, à rechercher, & rediger par escrit, la chose plus profitable pour se faire honorer de la memoire eternelle, & pour establir & rendre les respub. florissantes, entre toutes on trouueroit que la paix tiendroit la premiere pointe : ne voyons nous pas que par la paix & cõseil, les hommes ont acquis plus grãde renommee que par les armes? laissant à la posterité profit de leur paix, cõme on voit par l'exẽple de Themistocles, & de Solõ, que vous sçauez mieux que moy, cõme seigneur amateur des bonnes lettres, que Ciceron a traitté au premier liure des offices en telles paroles, parlant des hauts faictz de Themistocles, *Illud enim semel profuit,* & parlant du conseil de So-

A ij

lon amateur de paix , il dit, *hoc semper pro-*
fuit ciuitati , ce que nous coligerons du mef-
me Ciceron parlant de foy,lors qu'il deli-
ura Rome,*nobis rempublicam gubernantibus nõ-*
ne togæ arma ceßêre ? & vn peu plus bas, *quæ*
res igitur gefta eft vnquam in bello tanta?quis tri-
umphus conferendus? parlant du fien,ce que co-
gnoiffant mon Seigneur i'ay bien voulu dref-
fer en vers,fouz la profopopee de la paix,
pour vous prefenter comme grand amateur
d'icelle,ne trouuãt chofe plus agreable à trai-
ter que ie vous prie ne defnier: ce que faifant
i'orneray le frontifpice de quelque chofe
plus graue du nom de voftre vertu, en laquel-
le Dieu par fa grace vous vueille conferuer.

                    Par voftre tresaffectionné
                    feruiteur F. Granchier.

PROSOPOPEE DE LA PAIX
PAR FRANÇOIS GRANchier Marchois.

Euple torne tes yeux vers les vouſtes brillãt
Tari le tiede cours de tes larmes coulantes,
Et ferme comme vn roc du profond de ton cœur
Ren grace à Ieſus Chriſt, l'admirable veinqueur,
D'auoir deffaict d'vn vent tãt de moiſſons armee
Qu'on a veu dans la France épeſſement ſemees,
Qui menaſſoient le ciel, de flamboyans eſclers
Que l'on voiet ſortir des menaſſans bouclers:
A lors que ce grand Duc indomtable de Guyſe
Que le ciel, & la terre, honore, chante & priſe:
Se monſtra ſeruiteur, vray pillier de la foy
Du monarque eternel, de l'Egliſe, & du Roy,
Du troiſieſme Henry, dont les puiſſans trophees
Seront touſiours chantés par les pœtes orphees,
De ce dieu des Valoys doublement coroné,
Et qui l'eſt dans le ciel, triplement deſtiné:
Qui bening m'a plantee aux bornes de ſes terres

A iiij

our chasser loin de soy tant de sanglantes guerres,
t afin que chacun m'entretinsse à iamais
Honorant comme on doit la deesse de paix.

Peuple ne pense pas que ie sois descenduë
Des planchers azurez, pour estre mal receuë
Garde-toy, garde-toy, de ne me point fascher,
On n'a rien que la paix en ce monde de cher.

I'ay laissé tant de fois les Planettes celestes
Pour te montrer mes loix, à chacun manifestes,
Tu les as pour un temps empraintes dans le cœur,
Mais au prochain naufrage, ou à la moindre peur
Tu romps les cordillons de la paisible corde
Que tu auois noüez, souz masque de concorde.

C'est à faire aux Lions, aux Ours Numidiens,
t aux Loups rauissans, & Tygres Indiens,
'est à faire aux Gelons, aux peuples plus barbares,
Aux Sauuages velux, & aux cruels Tartares,
De rompre le lien de la diuine foy,
Qu'on doit garder à Dieu, à l'Eglise & au Roy:
Ie pense que la paix soit la deesse feinte,
Las! tu te tromperois, ie suis deesse saincte,
Moulee du grand Dieu, dont l'admirable voix
Escroule en un moment les rochers, & les bois,

Qui d'vn rien maſſonna de ce grand tout l'ouurag
Pour te faire habiter le diuin heritage,
Et pour y embraſſer la ſaincte pieté,
Non le ranceur ſanglant, horreur de ſainćteté.

    Il ne t'a pas moulé pour esbranler les piques
Forcené de fureur contre les Republiques,
Ne pour bouleuerſer l'aſſiette des ſors forts
Y conſumant ton aage, & ta peine, & ton corps:
Vrayement ie ne dis pas que les horribles guerres
Ne doiuent occuper la plaine de tes terres,
Et que le Catholique amateur de la paix,
Doiue touſiours laiſſer ſes armes en relais:
Range les animé contre les hereſies,
Qui dans la France ſont meſchantement moiſies,
Fais bruire dans le ciel les eſclatantes vois
De l'airain enroüé, & des guerriers abois,
Fais marcher par les champs les troupes affamees
Qui ſoient du nom de Dieu dedãs leurs cœurs arme
Et qui portent l'image emprainte aux eſtandars
De la vierge ſacree, eſpoir des bons ſoldats,
Qu'ils portẽt aux boucliers de leurs Saints les ima
Qui par vn vœu les ont retiré des naufrages,
Adorant de l'Autel le ſacré Sacrement,

ui est le corps de Christ de faict realement.

Las! peuple, tu as veu tes Messes desdeignees
t tes maisons en feu, tes Eglises pillees,
t tes temples seruir, trop execrables maux,
l'Huguenot sanglant pour loger leurs cheuaux,
es peres ont bien veu dans leurs maisons selees
r l'Huguenot paillard ses filles violees,
z ont bien veu du mesme en fureur triomphant
sgorger comme agneaux, le Catholique enfant:
eux desia vieillards ayant la barbe blanche,
ur passer les ruisseaux leur seruir d'vne planche.

Ie ne chanteray l'isle aux barbares bretons,
ont le sang, & l'horreur, habitent les cantons,
es predicans menteurs ie ne chante la vie,
loysir, & le temps, à ce ne me conuie,
n chacun la sçait bien, vn chacun la cognoit,
n chacun a horreur des gestes qu'on y voit,
y voit du caquet, & des pures mensonges
ur estre des bons Rois les pillardes esponges,
pour vous attraper, remplis d'impieté
eur religion temple de liberté.

Peuple, voy ce ministre vn caphard hypocrite,
ui est deuant tes yeux vn pleureux Heraclite,

Et derrier' toy il est Democrite moqueur,
Qui porte dans le sein la haine, & le rancueur.
  Sus, sus, peuple, courage, & r'endosse tes armes
Voicy le sainct combat, c'est les vrayes alarmes,
Ia desia les clairons, & les tambours bruyans,
Alument les soldats au combat foudroyans:
Le canon effroyable outrageux à la guerre,
Commence de vosmir le feu de son tonnerre,
Vois-tu les escadrons aux morions crestez,
Resolus de combatre arrogamment plantez,
Vois-tu les chefs legers armez d'vne cuirasse,
D'vn armet, d'vn pauois, empoudroyer la place
Le coutelas en main, cherchans par leur effort
D'acquerir (pour l'Eglise) vne pompeuse mort:
Sus, sus, suy les Seigneurs qui consument leur peiu
Pour soustenir l'Eglise autentique & Romaine,
L'Eglise Apostolique amiable vers tous,
Ainsi l'a ordonné Iesus Christ, son espous.
  Or, peuple, si tu veux mettre à fin ces batailles,
Il les faut attaquer dans leurs fortes murailles.
Et les faire mourir miserablement nés,
Par leur religion à l'enfer destinez:
Et ne pardonner point à ces caffards ministres,

Qui faulsent l'Euangile, outrage à tels beliſtres,
Ains oſter la racine, & ce tronc my-pourry,
Si tu veux de ton Dieu eſtre le fauory,
Puis apres tu auras les biens en abondance,
Iuſtice regnera, & la docte prudence.
Mais tant que ces mutins occuperont tes forts,
Cruauté regnera par ſes ſanglans efforts:
Tes Egliſes ſeront à iamais ſaccagees,
Tes enfans mal-traittez, les maiſons rauagees,
Et bref, tãt qu'ils ſerõt, le grand Dieu tout-puiſſãt
N'yra point (mal ſeruy) tes terres beniſſant.
      Tant qu'ils viurent iamais l'Aurore matiniere,
Ne verſera les feux de ſa ſaincte lumiere,
Si tu les fais mourir au milieu des combats,
De ma part ie feray ma demeure çà bas:
Et tu me baſtiras vn temple dans la France,
Où ſera le conſeil de ma douce puiſſance,
La iuſtice ſera à mon dextre coſté,
La prudence au ſeneſtre, en ce temple voté,
Et du peuple benin dés l'aurore doree
Iuſques à l'occident, i'y ſeray adoree.
      Ie ne ſuis deſcenduë ores pour retourner,
Car ie veux icy bas mon empire borner,

Sois moy doux & courtois, si tu ne veux qu'aisle
Dedans le ciel roüant ie dresse ma volee:
Extermine du iour ces Huguenots pipeurs,
Et puis tu sentiras le bien de mes douceurs:
Veux-tu sçauoir comment de puissance admirable
Tu receuras des biens de ma main liberale,
Et quels fruicts ie feray à tes arbres porter,
Peuple sois attentif, ie m'en vois le chanter.

Par moy l'on voit florir les grãdes republiques
I'accorde les pays par mes loix pacifiques,
Qui remplis de rancueur à beaux glaiues trenchãs
Ensanglantent leur loix, & l'email de leurs chãps
Par moy l'on voit florir la saincte Poësie,
Qui par vn vers coulant les esprits rassasie,
Ie fay par mon repos esteindre les tisons
Qui estoient ja lancez sus les toicts des maisons:
Ie chasse loin de moy la grondante discorde,
Les freres diuisez par ma douceur i'accorde.

Par moy l'humble marchand n'est ores outragé
Qu'on trouuoit dans les bois du voleur égorgé,
Par moy l'on voit flotter sur les ondes salees
A la mercy des eaux les nauires voilees,
Sans crainte du Corsaire : Et quoy? ne voit-on pa

Que tout marche par moy sous le iuste compas?
Chacun reçoit par moy la corne d'Amalthee,
Loing des mutations du marinier Prothee,
Chacun vit à son aise en toute sorte d'arts,
Et les ruisseaux coulans ondoient de nectars:
Les bergers qui mangeoient de la tourte moisie,
Par moy seront repeus de la saincte ambrosie,
Les rochers haut-montez qui voisinent le ciel,
Par moy sourceleront l'abondance de miel,
Les chesnes dont les bras s'esleuent dans la nuë,
Porteront pour le fruict la canelle cogneuë,
Bref, par moy l'on voit naistre vn autre aage doré,
Qui est par mon exil loing de vous retiré,
Suyuez de mes esdits la douce remonstrance,
Et chassez loing de vous la fragile inconstance.

Si vous ne m'exilez, les pauures laboureurs,
Priseront plus leur sort que cil des Empereurs,
Leurs terres ne seront poitries des gens-d'armes,
Ie chasseray loing d'eux les guerrieres alarmes:
Ie feray que le Prince entretiendra son Roy,
Et que le peuple bas n'oubliera sa loy,
Par ce (peuple Chrestien) afronte l'heresie,
Si tu veux sauourer la celeste ambrosie,

Croy-moy, ce discours n'est d'vn trepié prononcé,
Ny des malins demons faulcement annoncé,
Ains de la saincte paix, qui veut orner la Franc
par ses loix, par ses biens, par sa graue presence.

F I N.